收费公路联网收费客户联络中心
服务手册(2021版)

交通运输部路网监测与应急处置中心　组织编写

人民交通出版社股份有限公司

北京

内 容 提 要

为适应全国高速公路联网收费系统客户的需求升级,提供标准化、规范化的客户服务,提升 ETC 使用率和品牌认知度,交通运输部路网监测与应急处置中心组织编写了本书。本书共 6 章,内容包括:概述、日常工作要求、服务礼仪要求、岗位工作程序、异常处理程序和指标评价。

本书可作为相关单位从事 ETC 管理工作的业务人员学习与参考用书。

图书在版编目(CIP)数据

收费公路联网收费客户联络中心服务手册:2021 版/交通运输部路网监测与应急处置中心组织编写.—北京:人民交通出版社股份有限公司,2021.12

ISBN 978-7-114-17701-9

Ⅰ.①收⋯ Ⅱ.①交⋯ Ⅲ.①公路收费系统—中国—手册 Ⅳ.①U412.36-62

中国版本图书馆 CIP 数据核字(2021)第 235030 号

Shoufei Gonglu Lianwang Shoufei Kehu Lianluo Zhongxin Fuwu Shouce (2021 Ban)

书　　　名:	收费公路联网收费客户联络中心服务手册(2021 版)
著 作 者:	交通运输部路网监测与应急处置中心
责任编辑:	王　丹
责任校对:	孙国靖　扈　婕
责任印制:	张　凯
出版发行:	人民交通出版社股份有限公司
地　　　址:	(100011)北京市朝阳区安定门外外馆斜街 3 号
网　　　址:	http://www.ccpcl.com.cn
销售电话:	(010)59757973
总 经 销:	人民交通出版社股份有限公司发行部
经　　　销:	各地新华书店
印　　　刷:	北京虎彩文化传播有限公司
开　　　本:	787×1092　1/16
印　　　张:	2.25
字　　　数:	47 千
版　　　次:	2021 年 12 月　第 1 版
印　　　次:	2021 年 12 月　第 1 次印刷
书　　　号:	ISBN 978-7-114-17701-9
定　　　价:	48.00 元

(有印刷、装订质量问题的图书由本公司负责调换)

编写组

主　编：李　剑　高　薪

参　编：赵　晴　宋惠娟　李　伟　张丹萍　宋　杰
　　　　王梦佳　张银刚　李　燕　张　然　李　汐
　　　　胡志丰　吴　锦　平本强　赵　阳　高　原
　　　　郭剑辉　陈寅卓　晁　璐　蒋　涛　孙　浩
　　　　司向南　郝兴伟　张　娇

前　言

2019年12月31日24时，全国高速公路联网收费系统顺利切换，世界上规模最大的高速公路电子不停车收费系统（ETC）正式运行，487个省界收费站同步取消，开创了高速公路"一张网运行、一体化服务"的全新局面。高速公路"一张网"的形成，对客户服务工作提出了新的要求和挑战。伴随高速公路"一张网"的形成，客户跨省通行由原来的单省服务转变为多省协同服务，多客户服务渠道同步部署完善。

近年来，客户对ETC客户服务内容需求逐步向多元化、个性化方向发展，要求ETC客户服务内容不仅要覆盖ETC发行、售后、通行、咨询、投诉、票据服务、拓展应用等全流程、多场景，还应兼顾日益细分的客户群体的诉求。为适应客户需求的升级，提供标准化、规范化的ETC客户服务，提升客户ETC使用率和品牌认知度，特编写本书。

本书参考了交通运输部路网监测与应急处置中心（简称路网中心）联网结算服务部相关文件资料，旨在为收费公路联网收费客户服务提供参考。本书由李剑、高薪牵头编写，负责全书统稿；第一至三章由赵晴、李燕、李伟、张银刚、郝兴伟、晁璐、宋杰负责编写，第四章由宋惠娟、平本强、赵阳、高原、陈寅卓、郭剑辉负责编写，第五章由张丹萍、蒋涛、张然、李汐、吴锦负责编写，第六章由孙浩、司向南、王梦佳负责编写，附件由胡志丰、张娇负责编写。

本书在编写过程中，得到了北京速通科技有限公司、江苏高速公路联网营运管理有限公司、江苏通行宝智慧交通科技股份有限公司、浙江高速公路智能收费运营服务有限公司、山东省交通运输厅数据应用和收费结算中心、山东高速信联科技有限公司、河南省视博电子股份有限公司、广东联合电子服务股份有限公司等有关单位的大力支持，在此一并致谢。

由于时间仓促，加之编者水平有限，书中难免存在错误之处，恳请读者将发现的问题与宝贵的意见及时函告本书编写单位——交通运输部路网监测与应急处置中心（地址：北京市朝阳区安定路5号院8号楼外运大厦20层；联系人：高薪；邮政编码：100029；电话：010-65299311；传真：010-65299196；邮箱：lwzxfwxtz@163.com），以便修订时参考。

编　者

二〇二一年七月

目　　录

第一章　概述	1
第二章　日常工作要求	2
第一节　班前管理	2
第二节　排班管理	2
第三节　回访管理	3
第四节　培训管理	3
第五节　考试管理	4
第六节　知识库管理	4
第三章　服务礼仪要求	5
第一节　仪容仪表要求	5
第二节　服务礼仪要求	5
第三节　服务禁语及建议话术	7
第四章　岗位工作程序	9
第一节　岗位设置	9
第二节　语音(在线)坐席专员工作程序	11
第三节　投诉专员工作程序	12
第四节　质检专员工作程序	13
第五节　知识库维护专员工作程序	15
第六节　培训专员工作程序	15
第七节　数据统计专员工作程序	16
第八节　回访专员工作程序	17
第九节　运维专员工作程序	18
第十节　现场主管工作程序	18
第五章　异常处理程序	20
第一节　系统故障处理程序	20
第二节　客户长时间占线处理程序	20
第三节　其他注意事项	20
第六章　指标评价	21
第一节　服务满意度	21
第二节　接通率	21

第三节　即时答复率 …………………………………………… 21
　　第四节　业务抽检合格率 ……………………………………… 22
　　第五节　考试合格率 …………………………………………… 22
附件一　语音人工质检评分标准 ……………………………………… 23
附件二　在线人工质检评分标准 ……………………………………… 26
附件三　客户联络中心基本情况 ……………………………………… 29

第一章 概　述

客户联络中心承担了面向客户的热线服务与在线人工服务工作。服务范围包括业务咨询、信息查询、投诉受理、业务办理等。

客户联络中心热线主要由全国 ETC 服务监督热线 95022 及各省(自治区、直辖市) ETC 服务热线组成。部级客户联络中心呼叫平台于 2019 年底试运营，2020 年全面优化业务处理功能、数据查询功能及全国 30 个联网省(自治区、直辖市)对接联调功能，实现了根据电话号码归属地和发行服务机构预留电话号码精确转接对应省(自治区、直辖市)，确保了稳定的接通率。各省(自治区、直辖市)已有的服务热线也同步持续为客户提供 ETC 服务，有效提升了接通率和问题一次性解决率。部省(自治区、直辖市)间协同开展业务，联合受理客户对 ETC 出行服务的各类投诉、意见和建议，形成完整的客户服务网，为客户提供 7×24 小时全天候、多方位、高效能的服务。

伴随移动互联网技术的发展，线上服务渠道在客户服务渠道中的作用日渐突显，为客户提供了更便捷、更丰富的服务内容。路网中心联合中国政府网推出了中国 ETC 服务官方微信小程序，实现 ETC 线上申请、卡签更换、车牌占用解除等一系列功能，能全方位满足高速公路出行服务需求。各省(自治区、直辖市)也纷纷通过开通 App、微信小程序、微信公众号等渠道为客户提供线上服务。各类线上服务渠道一般均有人工客服入口，为客户提供个性化服务。尽管服务渠道及方式略有不同，但为高速公路通行客户提供高质量、全方位、多元化、规范性的服务是客户服务人员共同的目标。

截至 2021 年 6 月，全网客户联络中心已接入部省坐席达 4200 多个，累计服务约 1124 万次，受理咨询约 1056 万次，受理投诉约 67 万次，接收意见和建议约 4500 次。日均接通率保持在 99% 以上，平均通话时长约 200 秒，参评客户满意度约为 98%，问题解决率约为 99%。以上数据显示客户联络中心充分发挥了为高速公路通行用户答疑解惑、服务公众出行的功能，为更好地规范服务行为、提升服务质量，本服务手册的编制显得尤为重要。

第二章　日常工作要求

第一节　班前管理

1. 客户联络中心现场主管应每日组织召开班前会,当班人员需全部按时参加,如有无故缺席情况按相关制度严肃处理。
2. 班前会应总结前日工作失误,提出改进要求。
3. 班前会应宣导新增或变更业务,同步解释口径。
4. 班前会应记录每日会议纪要存档,各业务组可参考使用。

第二节　排班管理

一、排班原则

根据《中华人民共和国劳动法》规定,编排每个坐席每天工作时间为 8 小时,每人每周工作时间为 40 小时。坐席总体可分为日班和倒班人员,每个班次以月进行轮换,这样坐席可以适应不同时间段的工作量,增强处理呼叫来电的应变能力。

二、话务预测

1. 根据来话规律提前进行班次调整与人员配备,保障客户联络中心接通率指标的实现;通过对历史来话规律进行分析,对可预知的话量影响因素提前做出反应,以使客户联络中心提前制订相应的解决方案;依据来话规律及时了解客户的需求,便于调整运作方向,提升客户满意度。
2. 预测方式主要有两种,即长期业务量预测和短期业务量预测。
（1）长期业务量预测根据历史来电趋势、业务发展趋势、中心业务发展计划来进行年度或季度业务量预测。收集近一年每月的话量数据,绘制全年的话量趋势图。需要对每年来话高峰月份以及法定节假日进行重点关注,通过对各月的同比、环比数据的统计分析,获得季节因素系数、节假日修正系数、月均业务量、日均业务量等常数值,从而预测长期业务量。
（2）短期业务量预测是指按每 60 分钟或 30 分钟间隔周期进行预测。通常的做法是收集、整理每日分时段数据,计算分时段业务量占比,从而预测短期业务量。

三、班次

班次可分为正常班和机动班。

（一）正常班人员

客户联络中心正常班人员需提供 7×24 小时服务，按照服务需要合理排班。

（二）机动班人员

客户联络中心机动班人员需配合正常班人员提供 7×24 小时服务，应在正常班人员不能按时上班或出现突发性话务高峰的情况下进行替补。

四、交接班

1. 接班人员应按照排班规定的时间提前 5 分钟到岗，做好上班前的准备工作，并将出勤情况纳入考核。

2. 交班人员必须在接班人员到岗正常工作之后，方可离开工作岗位，不允许出现缺岗情况。

3. 交接班时，应将当班时的所有工作基本情况、处理进度如实记录在交接表上，做到交接两清，保证工作的良好延续性。

4. 当班期间，应按规定流程处理各类问题，及时上报疑难事件，不得随意向下一班传递。

第三节　回 访 管 理

客户回访通常包括常规回访和专项回访。

1. 常规回访一般在投诉结案后开展，通常采用短信、互联网、邮件等方式进行，主要内容包括投诉处理结果、投诉处理时效、客户服务质量、意见及建议等。客户如对常规回访不满意，应当采用电话方式进行二次回访。

2. 专项回访适用于特定事项或特殊业务回访，通常采用电话方式进行。专项回访应当及时了解客户对回访事项的意见、建议、满意度等内容。

采用电话方式回访，工作时间通常安排在 9 时至 17 时，各省（自治区、直辖市）可根据实际情况适当调整。

第四节　培 训 管 理

1. 客户联络中心应按照"先培训、后上岗"的原则，采用授课、实操等培训方式，做到全员培训。

2. 客户联络中心应针对不同岗位的职责制订相应的培训计划。

3. 新员工培训时间不得少于 15 个工作日，培训范围包括但不限于业务知识、业务技能、沟通技巧、系统操作等。

4. 客户联络中心应结合业务变化及时更新培训课件，做到培训重点内容可在 2 天内覆盖所有客服人员。

5. 客服人员应严格执行培训计划，按时参加，不得无故缺席。

第五节　考试管理

1. 客户联络中心应建立日常考试制度，新员工入职、转正、在职培训、晋升等均需考试合格后方可执行，并纳入绩效考核。
2. 客户联络中心应设立题库，题库内容包括但不限于管理制度、岗位职责、业务知识、系统使用、案例等，便于提升客服人员综合能力。
3. 客户联络中心应制订考试计划，定期组织考试，并由专人出题，试题应充分结合业务现状及员工岗位背景，以增强考试的针对性及实用性。
4. 考试可通过线上、线下等多种方式进行，至少应准备 A、B 两套试卷，并做到严格保密。
5. 客服人员应严格执行考试计划，认真参加业务考试，不得无故缺席或作弊等。
6. 考试成绩不合格者应参加再培训，补考合格后方可上岗。

第六节　知识库管理

1. 组织召开班前会，对重点业务知识进行梳理并形成文档予以保存。
2. 核实并更新即将到期的公告与知识，更新知识库。
3. 根据坐席代表运用知识库过程中反馈的问题，协调相关部门进行处理和解决。
4. 跟进待落实的业务政策、流程方案，做好知识库更新的日志备案。
5. 跟进并落实阶段性的技术更新（知识库模板更新及其他与运维对接的技术性改善）的进度和结果，并及时反馈给相关部门。
6. 梳理工作当日是否有未解决的问题，做好记录。

第三章 服务礼仪要求

第一节 仪容仪表要求

1. 所有员工应统一穿工作服,服装应完好,无污渍,扣子扣齐全,不漏扣、错扣,仪表端庄、精神饱满、服务专业,禁着奇装异服。
2. 上岗期间,员工必须佩戴工作证牌于左侧胸前,证牌不可歪斜、破损。
3. 禁止佩戴夸张首饰。
4. 禁止浓妆艳抹,不得留怪异发型。
5. 上岗期间,员工必须保持良好坐姿,不得穿拖鞋,禁止仰靠椅背、伏于桌面,或将脚搁在柜子、桌面或电脑主机上等不文明行为。

第二节 服务礼仪要求

一、语音服务礼仪要求

(一)基本要求

1. 电话铃响,应尽快接起,原则上电话铃响时间不应超过5秒。
2. 通话时不能夹带个人情绪,即使受到客户极大的责备,也应该保持礼貌和耐心。

(二)话术要求

1. 接听电话标准开场白:"您好,请问有什么可以帮到您?"声音要充满热情,避免说话含糊难懂、发音不准、语气粗俗、声音刺耳,或语速过快使对方听不清楚,语速过慢引起来电者不满。
2. 通话过程中,应使用"先生/女士"等礼貌称呼,交谈中多使用"您好、请问、对不起、请稍等、谢谢、不用客气"等礼貌用语。
3. 因来电者声音小或方言重,未完全听清楚或听明白时,如个别字没有听清,可以与来电者进行确认:"请问您的意思是……吗?"或者"请问您是说……,对吗?"如完全没有听清,应用征询语气向来电者询问:"很抱歉,我没听清楚,麻烦您再说一遍,好吗?谢谢您的配合!"如听不懂来电者方言,则可说:"很抱歉,我没能听明白,麻烦您慢一点说,好吗?"或者"很抱歉,我没能听明白,麻烦您尽量说普通话,好吗?"
4. 通话过程中,感觉来电者无任何回应时可说:"先生/女士,请问我的解释清楚吗?"

"先生/女士,您可以听见我的声音吗?"如果仍听不到来电者的回应,耐心地说:"对不起,听不到您的声音,请您稍后再拨,感谢使用,再见!"

5. 通话过程中,当进行知识库、系统查询需客户短暂等待时可说:"先生/女士,请稍等,帮您查询一下。"当进行问题核实需客户较长时间等待时可说:"先生/女士,请您不要挂电话,稍等,帮您核实一下。"使用呼叫保持,核实清楚后可说:"先生/女士,让您久等了,经核实……(根据核实的情况继续解答)"当问题无法当场解答时可说:"先生/女士,您的问题我需要进一步核实后才能回复您,请您留下联系电话,稍后给您回电。"

6. 遇到电话投诉时,首先应以安抚为主,以友善、同情的态度表达歉意:"对不起,给您造成了不便,敬请谅解。"并且告知来电者一定立刻调查此事:"请您告诉我具体情况,以便我们尽快核实处理。"对来电者要礼貌,而且要表现出同情,让他在电话中充分、尽情地陈述。投诉记录完成后可说:"先生/女士,您的投诉我们已受理,ETC发行服务机构会在×个自然日内给您答复,请您保持电话畅通。"

7. 遇到客户重复投诉或投诉已受理而逾期未回复时可说:"先生/女士,您的投诉我们已受理,很抱歉给您带来不便,我们会立即向ETC发行服务机构反映,尽快给您答复,请您保持电话畅通。"

8. 遇到客户情绪异常激动时可说:"很抱歉给您带来不好的服务体验,请您将问题告诉我,我会努力帮您解决的。"或"请您不要着急,我非常理解您的心情,我们一定会竭尽全力为您寻找处理方案的。"同时客服人员应调整好心态,尽量安抚客户的情绪,若无法处理,应立即报告上级。

9. 遇到客户要求其他客服提供服务时可说:"请问您是要咨询什么问题呢?我这里一样会尽全力帮助您解决的。"如果客户坚持,可以再解释:"我们每位客服人员都接受过专业的培训,都可以为您提供服务,请问您有什么问题需要咨询?"如果客户仍坚持,建议他留下联系电话,稍后回复。

10. 遇到客户直接要求领导亲自为其解决问题时可说:"先生/女士,我们每个人都有自己的工作职责,请您放心,我们会按流程处理的,请交给我为您处理,好吗?"如果客户执意要求领导来解决时,则立即报告上级。

11. 遇到客户提出建议时可说:"感谢您提出的宝贵建议,我们将及时反馈给相关负责人员,再次感谢您对我们工作的监督和支持!"

12. 结束通话时,首先询问客户还有没有其他需求:"请问还有什么需要我为您服务的?"确认客户无其他诉求后致谢,并请客户对本次服务给予满意度评价:"感谢您的来电,请您稍后挂机,对本次服务进行评价。"然后主动挂机。客户在挂机前讲"谢谢"时,客服人员应说:"不用客气!"

二、在线服务礼仪要求

(一)基本要求

1. 充分利用和客户的每次互动交流机会,根据客户不同需求,查询、解答问题,回复客户时,应文明用语,不可使用方言,要让客户能理解,尽量不要使用专业术语回复。语言需精准,避免让客户产生误解,打字速度不低于70字/分钟。

2. 如果客户的需求超出服务范围,要委婉告诉客户或提供相关查询方式,尽可能提供帮助,不要直接告诉客户查不到或不清楚。

(二)话术要求

1. 客户进线时,在线服务人员应第一时间回应客户:"您好,这里是×××(省、自治区、直辖市)ETC客服!请问有什么可以帮到您?"

2. 结束会话时,询问进线客户有没有其他需求:"请问还有什么需要我为您服务的?"确认客户无其他诉求后致谢:"祝您生活愉快,再见!"

三、电话回访礼仪要求

(一)基本要求

1. 提前准备好回访电话号码,确保周围安静,预先准备好内容,注意措辞和语气、语调。
2. 若拨错号码,要向对方表示歉意。
3. 如客户不在,可请代接电话者转告;询问客户的去处和联系方式,并感谢代接电话者的接听。
4. 如客户表示同意接受回访,可按照回访内容逐条询问。

(二)话术要求

1. 电话接通时,自报来历:"××先生/女士,您好,很抱歉打扰您,我是×××省(自治区、直辖市)ETC客服代表,工号×××。本次通话是想对×××进行回访,请问可否占用您几分钟时间?"客户不方便接听电话时,主动结束通话,并约定下次通话时间。

2. 回访结束后,应礼貌地结束通话:"感谢您的接听,祝您生活愉快,再见!"

第三节　服务禁语及建议话术

1. 禁态度消极:我已经尽力了/我也没办法/这不是我的错/这我说了不算/这不是我的责任/不要难为我/要不你问问其他客服。

应这样说/做:非常抱歉,给您带来了困扰,但是由于问题超出了我的权限,我稍后将反馈给相关部门,帮您进行加急处理。

2. 禁用强势口吻质疑反问:这个问题已经跟您讲过了呀,您怎么还不理解?/您觉得您跟我嚷嚷有意义吗?/您能不要激动吗?/您在这骂人有用吗?

应这样说/做:您先别着急,我再为您解释一下,您看我哪里没有说清楚可以提出来/您的心情我非常理解,所以我们一起配合来尽快解决问题,非常感谢您的理解。

3. 禁用行业通用语及敏感词:内部术语(领取工单、工单退回)/内部系统标记或者其他敏感信息,比如将工单备注中注明的"处理人电话"告知客户。

应这样说/做:使用通俗易懂的话语与客户沟通(您的问题比较特殊,我们的工作人员正在给您做进一步的核实)。

4. 与客户沟通时禁用:喂、你、啊？您说什么？没声音/一下将声音提得很高,问"现在可以听到了吗?"

　　应这样说/做:您好,我听到的音量比较小,请您重复一下,可以吗？非常感谢/非常抱歉(稍微抬高一下自己的音量或者调试一下耳机),请问现在您可以听到吗?

5. 面对投诉禁说:投诉/差评我也没有用/您可以投诉我/投诉是您的权利。

　　应这样说/做:(语气和缓、真诚)先生/女士,我的工号是×××,如我的服务有不周到的地方,欢迎您随时批评指正,我会不断改进的/您提出的问题我会尽快反馈给相关部门,也希望您能给予我们更多的包容和理解,我们会不断提升服务质量。

6. 禁措辞不当:您刚才说的信息我没有找到,您确定您反馈过吗？/您反馈的问题是发行方的,不是我们的业务,您打错电话了。

　　应这样说/做:您好,用您刚才反馈的信息我暂时没有查询到相关记录,我来帮您确认一下当时使用的手机号码……/您好,这里是全国ETC服务监督热线,您的问题会有更专业的客服为您进行解答,请拨打电话……,感谢您的来电。

7. 坚决不能说/做:私下骚扰客户,例如电话联系,将客户信息放在公共平台/诋毁公司内部形象;引导客户进行舆情投诉,如您可以拨打工信部相关投诉热线反馈。

第四章　岗位工作程序

各岗位人员岗前均需完成相应岗位专业知识学习及业务培训,考核合格后方可上岗。每个岗位人员应熟练使用相应系统,岗前检查系统是否正常;岗中整理着装,保持良好工作状态,参加班前会,学习下发的各项文件;岗后根据系统使用要求,退出系统,关闭电脑,整理桌面,将座椅推回办公桌内。

第一节　岗位设置

一、语音(在线)坐席专员

1. 负责受理客户咨询、查询、投诉等业务,严格遵守相关服务要求,按规范服务用语做好解释工作,如实记录客户提出的问题及意见,并做好后续跟踪处理。
2. 负责收集客户反映的业务问题,及时记录并上报。

二、投诉专员

1. 对可能产生舆情、情绪激动等重要投诉客户进行安抚。
2. 参与投诉各环节的处理、沟通,协助解决客户问题。
3. 负责对接日常投诉问题,对特殊疑难问题进行上报反馈。

三、质检专员

1. 负责按照规定对客户联络中心服务记录进行抽样监听及质检,如实记录质检情况,按时上报质检结果。
2. 负责及时上报监听或质检过程中发现的舆情问题。
3. 负责更新、维护典型案例库,用于指导客服人员日常工作。
4. 负责整理、汇总质检结果,定期出具质检统计报表及质检分析报告。
5. 负责根据质检结果,提出业务培训需求及改进建议。

四、知识库维护专员

1. 负责通过不同渠道和方式了解客户关注的问题,明确要求,收集基础信息。
2. 负责根据收集的信息编写标准问答,并按照统一格式进行信息导入。
3. 负责定期维护、更新知识库,做好知识库版本管理。

五、培训专员

1. 负责制订总体培训计划,组织执行并定期汇报执行情况。
2. 负责明确各岗位工作人员的培训需求,并分别制订相应的培训计划。
3. 负责按照培训计划,充分利用各类资源,具体组织培训课程或活动。
4. 负责做好培训教材、资料等相关文档的管理工作。
5. 负责制订考试计划,做好知识题库的储备工作,组织开展业务考试。
6. 负责做好考试成绩统计,通报考试结果。

六、数据统计专员

1. 负责统计分析质量、业务、投诉等各项关键数据,为运营管理目标达成及流程问题检查优化、业务问题改善提供数据支撑。
2. 负责进行现场监测、提醒、预警,通过数据变化跟踪现场服务状态,回顾数据表现洞察运营管理短板。
3. 负责出具业务统计分析报告,最终推动业务完善优化、客户服务体验提升。

七、回访专员

1. 负责按照规定时间、程序、内容开展客户回访。
2. 负责对回访信息进行登记、记录或录音,对客户表示服务不满意的回访结果在准确记录后,应及时转发至相关部门进一步核查处理。
3. 负责汇总、整理回访过程中客户对行业工作提出的意见、建议。
4. 负责解答客户在回访过程中提出的一般性问题。

八、运维专员

(一)应用运维工程师

1. 负责客户联络中心系统需求收集、开发测试、上线保障、运维保障工作。
2. 负责监督周报、月报制作与汇报。
3. 负责客户联络中心数据提取工作。
4. 负责客户联络中心系统日常巡检及故障处理,针对较严重的系统故障出具系统分析报告;根据日常巡检,发现系统可能存在的隐患,提出优化建议。
5. 负责客户联络中心相关系统功能优化、升级,新功能建设方案的编写和实施,应急预案的编写与应急演练的实施,项目相关技能培训工作。

(二)桌面运维工程师

1. 配合客户联络中心平台上线、运营维护,协助发现客户联络中心平台运行中存在的问题,并进行分析、定位,提出优化建议。
2. 负责客户联络中心坐席区电脑、电话的故障处理及日常维护工作。

3. 负责全国各省(自治区、直辖市)坐席反馈问题的解答与处理。
4. 汇总客户联络中心坐席常见问题并提出处理办法。
5. 协助客户联络中心开展其他工作。

九、现场主管

1. 负责对现场运营情况进行监控,确保服务指标稳定。
2. 负责处理现场特殊、疑难问题,提供相关支持和帮助,并对部分客户进行安抚。
3. 负责对存在舆情风险的问题进行上报反馈。
4. 负责汇总、分析现场运营情况,并组织整改运营中存在的问题。
5. 视舆情情况上报相关部门,保证双方信息互通。

第二节 语音(在线)坐席专员工作程序

一、岗前工作程序

1. 接受上岗前业务知识和实操培训,包括政策、业务规程、业务流程、系统操作等方面内容,确保具备基本的 ETC 业务知识和实操水平。
2. 参加业务知识和实操能力考核,通过考核后方可上岗。

二、岗中工作程序

1. 整理着装,调整至良好工作状态。
2. 参加班前会,学习下发的各项文件。
3. 打开办公电脑,输入工号登录系统,检查接线系统是否正常。
4. 查看公告,对知识库新增内容进行学习。
5. 语音客服专员检查耳麦及电话线路,按规范佩戴耳麦。
6. 咨询/查询程序。
(1)坐席专员接线成功后,报首问语。
(2)坐席专员解答客户咨询问题。
①若客户咨询问题已解决,结束通话。
②若客户咨询问题未解决,可如实记录客户信息及诉求,按投诉流程处理。
(3)坐席专员核实客户信息后,在系统中输入客户相关信息。
①核对无误,通过验证,为客户提供查询服务,向客户推送查询链接。
②核对有误,向客户说明原因。
(4)服务结束,报结束语,结束通话。
(5)填写小结。
7. 业务办理程序。
(1)坐席专员接线成功后,报首问语。

①各省(自治区、直辖市)根据实际情况,若可以为客户提供业务办理服务,继续以下步骤。
②若不能为客户提供业务办理服务,应告知客户办理渠道(短信),通话结束。
(2)坐席专员在系统中输入客户相关信息。
(3)坐席专员核实客户信息。
①核对无误,通过验证,向客户推送业务办理相关链接。
②核对有误,向客户说明原因。
(4)服务结束,报结束语,结束通话。
(5)填写小结。
8.短信发送程序。
(1)坐席专员在处理客户来电时,判断是否需要发送短信,如有需要,则按照模板编辑短信。
(2)坐席专员将编辑好的短信提交审核。
(3)审核通过后,确认短信是否成功发送。

三、岗后工作程序

1.梳理当日工作是否有未解决的问题,并做好工作交接。
2.统计当日工作情况。
3.退出办公系统,关闭电脑,整理桌面。
4.离开座位时,将座椅推回办公桌内。

第三节　投诉专员工作程序

一、岗前工作程序

1.接受业务基础知识培训,包括政策、业务规程、业务流程等内容,应熟练掌握ETC业务知识。
2.接受投诉处理技巧培训,包括一般投诉处理技巧和重要投诉处理技巧。
3.参加业务知识和实操能力等的测试。
4.测试通过后,可开展投诉受理相关工作。

二、岗中工作程序

1.开启本工位电脑,输入工号登录系统,检查系统运行是否正常。
2.检查耳麦及电话线路是否正常。
3.确认知识库能够顺利打开。
4.接受投诉班长分配的工作。
5.投诉处理程序。
(1)对可能产生舆情、情绪激动等重要投诉客户反馈的投诉问题,一线坐席专员生成工单后，投诉专员联系客户进行安抚，并及时上报投诉班长。

（2）投诉专员登录系统查看当日投诉工单处理情况，及时对投诉工单进行交互处理。

（3）投诉专员对已结案工单进行回访，对于回访不满意的客户生成二次工单。

（4）投诉专员筛选规定时限内未及时处理的投诉，线下联系ETC发行服务机构进行催办。

（5）跟踪并统计ETC发行服务机构处理情况。

（6）催办后仍未按期结案的，按相关规定处理。

（7）对已结案工单进行责任判定，定期分析问题产生的原因。

（8）每日汇总当日投诉处理的问题，统计分析各类投诉数据，形成日、周、月数据并上报。

（9）遇突发事件及时上报投诉班长。

6.协调处理程序。

（1）投诉专员负责协调相关方处理在运营中出现的业务问题，及时与相关方处理、解决客户问题，发现疑难问题及时上报。

（2）投诉专员负责每日跟进需协调处理的问题的进度，筛选规定时限内未及时处理的协调问题，联系相关方进行催办。

（3）投诉专员负责各相关方日常业务对接工作，对于协调中出现的新问题及时记录并反馈给投诉班长。

（4）统计当日工作内容及情况，向投诉班长汇报。

7.意见收集及反馈处理程序。

（1）投诉专员收集客户反馈的意见、建议单，每日进行数据整理。

（2）投诉专员收集、定期分析客户反馈的意见、建议，并将分析结果反馈至投诉班长。

三、岗后工作程序

1.确认当日新生成的投诉工单均已处理，无遗漏。

2.统计当日工作量，报投诉班长登记。

3.次日休息的人员，汇总需要继续跟踪的紧急投诉，对未完成工作进行交接。

第四节 质检专员工作程序

一、岗前工作程序

1.接受业务基础知识培训，包括政策、业务规程、业务流程等内容，应熟练掌握ETC业务知识。

2.接受质检工作知识培训，包括评分标准、质检系统操作等内容，具备开展服务质量检查的基本能力。

3.抽取部分录音、在线记录及工单，进行服务质量模拟试评分。

4.试评分合格后，可开展服务质量检查工作。

二、岗中工作程序

1. 确认质检系统可正常登录,检查系统录音听取、在线记录查看、工单抓取等功能是否正常。
2. 确认知识库是否有新增或更新内容。
3. 确认前一日质检工作是否有未完成或新增待处理事项。
4. 准备开展质检工作所需记录单。
5. 质检工作程序。
（1）按要求抽取客服录音、在线记录。
（2）按照质检评分标准,对客服录音、在线记录及投诉工单逐条评分,并做好质检评分相关信息登记,如服务问题类型、是否属于优秀录音等。
（3）认真记录质检过程中发现的业务知识盲点及共性问题。
（4）认真记录质检过程中发现的评分标准方面存在的问题。
6. 服务监督检查程序。
（1）现场班长在监听坐席通话的过程中,发现解答有误时,立即进入三方通话模式或直接将被检客服人员挂机,代为向客户作正确解答,客服人员解答错误的内容纳入绩效考核。
（2）质检专员对客服录音及在线记录进行质检,并如实记录质检结果,明确列出解答业务咨询中的错误,客服人员解答错误的内容纳入绩效考核。
（3）在质检过程中收集高频问题,列入后续培训计划。
（4）定期公布客服质检成绩及排名。
（5）编写质检数据汇总表,定期汇总、统计、分析质检数据,并形成服务质量分析报告。
7. 服务质量检查标准。
语音（在线）人工质检评分标准详见附件一和附件二。
8. 服务评价数据采集分析程序。
（1）客户通过线上或线下方式接受服务后,可对本次服务给予评价,服务评价系统将自动生成一条评价记录。
（2）根据服务评价系统设置,评价数据可通过网络自动回传至客户联络中心的服务评价管理系统总数据库。
（3）质检员实时监控评价记录状态,发现系统问题及时协调处理。
（4）质检员按月对服务评价数据进行汇总分析,撰写服务评价数据分析报告。

三、岗后工作程序

1. 对照当天质检任务清单及待处理任务清单,逐条确认是否已完成质检任务。
2. 检查质检工作记录单,逐条检查是否已记录完整。
3. 整理、汇总质检工作中客服人员出现的问题,并进行分类,形成问题分类记录单。
4. 如有需交接事项,做好交接登记。
5. 将质检工作记录单及问题分类记录单上报质检主管。

第五节　知识库维护专员工作程序

一、岗前工作程序

1. 接受业务知识培训。
2. 掌握知识库维护专员的工作内容,并参加测试。
3. 测试通过后,可开展知识库维护工作。

二、岗中工作程序

1. 开启电脑,登录知识库等相关系统。
2. 核实并更新即将到期的公告与知识,添加新增知识。
3. 查看前一日热搜知识,分析与之前是否有差异。如有差异,分析原因,提出解决方案。
4. 及时查看并处理坐席提交的知识反馈。
5. 学习新增业务并制作相关培训课件,协助开展坐席培训工作。
6. 解答并汇总坐席疑难问题。
7. 根据业务类型,汇总客户可能会问到的问题,编写相应回复话术。

三、岗后工作程序

1. 梳理当日工作是否有未解决的问题,做好记录。
2. 统计、总结当日工作情况。

第六节　培训专员工作程序

一、岗前工作程序

1. 接受业务基础知识培训,包括政策、业务规程、业务流程等内容,应熟练掌握ETC业务知识。
2. 参加业务知识测试,测试通过后,可开展培训工作。

二、岗中工作程序

1. 确认培训及考试系统可正常登录,检查系统培训课件上传、试题录入等功能是否正常。
2. 确认知识库是否有新增或更新内容。
3. 确认前次培训及考试是否有待处理事项。
4. 准备开展本次培训及考试工作所需文档。

5. 制作培训课件,课件形式包括但不限于文档、表格、PPT 等。

6. 选择培训对象,设置参加培训时限,发布培训课件。

7. 跟踪查看客服人员参加培训的情况,超出规定时限未参加培训的客服人员应对其进行提醒。

8. 培训结束后,录入试题,设置考试时限,发布试题。

9. 跟踪查看客服人员参加考试的情况,超出规定时限未参加考试的客服人员应对其进行提醒。

10. 考试结束后,应及时判卷,对未通过考试者另行安排补考。

三、岗后工作程序

1. 对照培训及考试任务清单,确认是否已完成工作任务。

2. 整理、汇总培训及考试进度,如需后续跟进,做好记录。

3. 整理、汇总培训及考试过程中客服人员提出的问题、意见及建议,并进行分类,形成分类记录单。

4. 将当日工作情况上报培训主管。

第七节　数据统计专员工作程序

一、岗前工作程序

1. 具有较强的数据分析能力。

2. 接受基础业务知识培训,并参加测试。

3. 测试通过后,可开展数据统计工作。

二、岗中工作程序

1. 检查电脑设备,开启电源,待电脑开机运行后登录各报表系统。

2. 接收当日分配的工作。

3. 按紧急程度、需求先后依次将报表导出、整理并发送至需求方。

4. 导出各项数据报表,按类别、周期分类录入保存。

5. 各项运营报表更新后应及时发送给各相关负责人并确认信息传递到位。

6. 应与坐席投诉、质检、培训等各组保持及时、定时沟通,保证数据的有效性。

7. 数据报表更新、制作应及时并准确。

8. 按期报送日常报表及临时数据报表。

三、岗后工作程序

1. 确认所需文件已保存。

2. 按系统退出登录步骤依次关闭报表系统。

第八节　回访专员工作程序

一、岗前工作程序

1. 接受业务基础知识培训，掌握良好的服务、沟通技巧，熟练掌握 ETC 业务等相关知识，能够按照规范口径和服务话术，与客户沟通交流，为客户解答疑问，向客户传播 ETC 服务理念。
2. 掌握需回访内容，进行试回访测试。
3. 测试通过后，可开展回访工作。

二、岗中工作程序

1. 确认电话系统畅通，准备回访记录单。
2. 准备业务知识清单，以解答客户一般性问题。
3. 确认开展回访任务清单，做好拨打电话前的语气、措辞等准备。
4. 准备与回访相关的投诉信息、业务信息、回访话术等资料。
5. 电话接通后，首先自报来历，说明本次回访的目的，询问客户是否愿意接受回访调查。
6. 询问过程中，应当明确告知客户投诉事项的核实情况、投诉处理结果，以及相关各方执行投诉处理的进展等，并主动询问客户对投诉处理结果及投诉处理服务的满意度，认真记录客户的反馈。当客户反馈投诉尚未得到及时、有效解决时，回访人员应当记录客户反馈的问题和主要诉求，并在原工单上增加客户诉求及回访记录，作为重要投诉加快处理；对于客户提出的一般性问题，应根据业务知识清单予以解答；对于暂时无法当场解答的，应如实记录，反馈给相关部门，并告知客户解决方式及回复时间。对客户对行业的认可应表示感谢；对客户对行业的不认可应表示歉意；对客户对行业提出的意见和建议应表示会及时反馈。
7. 询问结束后，应礼貌地结束通话。

三、岗后工作程序

1. 对照回访任务清单，逐条确认是否已完成回访任务。
2. 对照回访记录单，逐条检查记录是否完整。
3. 整理、汇总回访中客户提出的问题、意见及建议，并进行分类，形成分类记录单。
4. 确认无法当场解答的客户问题记录信息应完整，并转给相关部门，告知需回复时间，做好交接登记。
5. 将分类记录单上报主管。

第九节　运维专员工作程序

一、日常巡检

1. 巡检人员提前准备巡检所需笔记本电脑、VPN 账号、堡垒机账号等。
2. 登录各个系统关键设备进行设备巡检并填写巡检报告。
3. 如果发现异常情况，根据影响范围以"先恢复业务"的原则及时处理并上报。
4. 根据巡检上报发现的问题召开会议进行评估，并制订恢复方案。
5. 针对故障编写故障分析报告。

二、日常故障处理流程

1. 一线技术支持人员通过微信群、服务热线等渠道接收故障上报。
2. 一线技术支持人员根据上报情况，了解现场情况，评估影响范围，初步定位故障。如可解决，直接处理；如无法第一时间处理，应做好记录并及时上报二线技术支持人员。
3. 二线技术支持人员对问题进行分析定位并处理。如有必要，联系技术服务商提供技术支持。如涉及较大系统故障，应及时向运维负责人汇报，由运维负责人评估决定是否上报。
4. 针对重大故障应出具故障分析报告。

三、系统升级流程

1. 编写系统升级方案，制订系统升级计划。
2. 测试环境升级及验证，输出测试报告。
3. 预生产环境升级及验证，输出测试报告。
4. 向客户联络中心负责人报备升级时间以及升级期间紧急应对措施，提供应急方案。
5. 生产系统升级及验证，输出测试报告。

第十节　现场主管工作程序

一、岗前工作程序

1. 接受业务知识培训，熟练掌握 ETC 业务知识。
2. 具有较强的沟通能力。
3. 参加业务知识、沟通能力等测试。
4. 测试通过后，方可开展工作。

二、岗中工作程序

1. 检查现场人员出勤情况。

2. 组织召开班前会。
3. 开启本工位电脑,检查系统是否正常运行。
4. 关注现场运行情况,针对业务量激增等突发状况及时采取应对措施。
5. 对现场坐席人员遇到的疑难问题提出解决方案。
6. 及时安抚情绪激动的客户。
7. 针对有可能产生舆情的客户,及时处理并上报。

三、岗后工作程序

1. 汇总当日现场运营情况。
2. 汇总疑难问题和典型案例,确认舆情事件是否已妥善处理。

第五章　异常处理程序

第一节　系统故障处理程序

1. 现场若发现单个系统使用异常应立即报告现场主管。
2. 如现场主管无法处理或判断大面积系统出现异常，则应立即联系技术专员。技术专员通过现场或远程方式协调处理故障，直至业务恢复正常。
3. 技术专员应通过电话或当面把故障报告给相关部门领导，在故障完全排查清楚后上报故障原因给主管单位。

第二节　客户长时间占线处理程序

1. 客服人员应仔细倾听并做好记录，总结客户问题，正确引导客户，同时对客户的讲话有所反应，可用"嗯、是的、对"等词语回应，让客户知道你在认真地听他讲话。
2. 表示理解对方的心情，同时间接引导客户明白长时间占线对解决问题没有帮助。
3. 若问题未解决，明确告知客户挂机后会积极解决其问题，并在规定时限内进行回复；若问题已解决，需婉言提醒客户："很抱歉，×先生/女士，现在还有很多客户在等待我们提供业务帮助，如果您没有其他问题，欢迎您下次致电，谢谢合作！再见！"停顿3秒后挂机。
4. 如有必要，应适时地将电话转给现场班长等，避免与客户发生正面冲突。

第三节　其他注意事项

1. 语音（在线）专员、投诉专员遇到疑难问题应立即上报现场班长或投诉班长。
2. 现场班长或投诉班长应及时处理疑难问题，如不能快速解决或出现舆情风险应立即上报客户联络中心业务主管。

第六章 指标评价

第一节 服务满意度

1. 指标定义。
（1）服务满意度：指一个统计周期中，客户对客服咨询服务评价满意的次数占客服咨询服务参评总次数的比例。
（2）服务的参评率：指一个统计周期中，客户对客服咨询服务参评次数占客服提供咨询服务总次数的比例。

2. 服务满意度计算公式：服务满意度 = 服务满意次数/服务参评总次数 × 100%（服务满意度应不低于95%）。

3. 服务满意度参评率计算公式：服务满意度参评率 = 服务参评总次数/服务总次数 × 100%。

4. 评价类型：服务满意度评价类型分为非常满意、满意、一般、不满意。

5. 服务满意度参评方式：服务结束后邀评。

6. 满意度邀评话术："请您稍后对我的服务作出评价，感谢您的来电，祝您生活愉快，再见！"

7. 统计周期：服务满意度统计周期分为日、周、月。

第二节 接通率

1. 在一个统计周期中，客户联络中心总接通次数占总进线次数的比例，即接通率。接通率应按照语音或在线渠道分别计算。

2. 接通率计算公式：接通率 = 总接通次数/总进线次数 × 100%。

3. 客户联络中心语音接通率应达到85%以上，在线接通率应达到95%以上。

4. 接通率的统计周期分为日、周、月。

第三节 即时答复率

1. 即时答复率是指在一个统计周期中，坐席为客户一次性解决问题的次数占解决问题总次数的比例。

2. 即时答复率计算公式：即时答复率 = (接通次数 − 重复来电次数)/接通次数 × 100%。

3. 即时答复率不得低于 80%;重复来电统计时间周期不得小于 2 小时。

第四节　业务抽检合格率

1. 业务抽检合格率是指将语音、在线、工单抽检合格率按一定的权重计算的总体业务抽检合格率。它是衡量客户联络中心坐席客户服务人员业务能力的指标。

2. 业务抽检合格率计算公式:业务抽检合格率 = 语音抽检合格量/语音抽检数量 × 0.3 + 在线抽检合格量/在线抽检数量 × 0.3 + 工单抽检合格量/工单抽检数量 × 0.4。(注:语音、在线、工单所占权重可调整。)

3. 语音和在线抽检建议覆盖全网坐席,抽检数量比例参照坐席人数进行确定;工单抽检建议实行全检原则;抽检合格率应达到 90% 以上。

4. 业务抽检合格率的统计周期分为日、周、月。

第五节　考试合格率

考试分为日常考试和专项考试,≥80 分为合格。考试合格率是指在一个考试周期内,参加某项考试的总人数中,达到合格分数线的人数所占的比例。

一、日常考试合格率

日常考试合格率是指每日各省参加日常考试的总人数中,达到合格分数线(≥80 分)的人数所占的比例。

日常考试合格率 = (各省参加日常考试总人数 − 不合格人数)/各省参加日常考试总人数 × 100%。

日常考试合格率的统计周期分为日、周、月。

二、专项考试合格率

专项考试合格率是指在专项培训后的考试中,参加该项考试的总人数中达到合格分数线(≥80 分)的人数所占的比例。

专项考试合格率 = (参加专项考试总人数 − 不合格人数)/参加专项考试总人数 × 100%。

专项考试合格率的统计周期:根据业务运营情况,不定期举行专项测试。

附件一 语音人工质检评分标准

一级指标	二级指标	扣分细则	分值	指标解释
服务能力（35分）	服务态度自然、诚恳，不敷衍（15分）	1.有态度生硬、傲慢，存在敷衍、推诿、厌烦等现象；当客户反映问题较多，或提及业务以外问题时，表现出反感、不耐烦情绪；不能保持良好的服务心态和稳定的个人情绪，情绪随着客户的情绪或外在的原因而波动、急躁；在客户因公司或客服人员的行为而不愉快时，不能主动表示歉意，任由客户发泄情绪，没有服务意识	-15分	服务态度积极、有耐心、礼貌热情，态度自然、诚恳，不敷衍、推诿客户；能尊重客户，体谅客户的感受，能够站在客户立场考虑问题
		2.推诿客户，能够处理的问题不直接受理，或是在客户质疑后才为其处理		
		3.没耐心倾听客户叙述，抢话或随意打断客户说话；没有让客户充分表达自己的意见	-10分	
		4.不认可客户，当出现有疑问的情况时，未耐心询问并核实，而是质疑、质问、反问客户		
		5.在沟通过程中，不关注客户的理解程度，导致客户不满并插话		
		6.静音、通话中、等待电话接通中或客户方呼叫保持时，与旁人聊天、说与工作无关的事	-6分	
	服务用语规范（10分）	1.整个通话过程未使用礼貌用语（除去首尾语，整个对话未使用"请问""请"……）	-10分	服务过程中能够按照规范的应答要求进行解释和说明，严格使用规范服务用语
		2.通话中出现不规范的语句、声音（频繁使用口语，用语生活化、随意，笑场）	-6分	
		3.超过1次未使用礼貌用语（例如：需要问客户问题时，未使用"请问""请您"……）		
		4.出现1次未使用礼貌用语（例如：对话中出现一次明显问句时，未使用"请问""请您"……）	-3分	
		5.首尾语不完整、错误、不规范		
	语音、语调、语速（5分）	1.语气平淡、缺乏朝气，或语气严厉，无感情；通话过程中语气懒散、有气无力，有明显的拖音，直接影响服务感受或引起客户不满	-5分	语调自然、诚恳且充满朝气，声调富于变化，在整个交流过程中语速适中
		2.沟通中客服人员音量突然增大或减小，明显影响沟通		
		3.语速过快或过慢，与客户不匹配	-4分	

续上表

一级指标	二级指标	扣分细则	分值	指标解释
服务能力（35分）	恰当表述（5分）	1. 措辞不当、不委婉，语言表述不清晰明了、逻辑性不强	-5分	语言组织能力强，表达自然、连贯，能巧妙运用停顿等语言技巧；措辞、举例恰当，不使用贬义或容易产生歧义的语言
		2. 磕巴、叙述不连贯出现3次及以上		
		3. 对于非公司问题引起的投诉，不能安抚好客户情绪，没有向客户表明正确的立场		
		4. 普通话发音不标准，吐字不清晰，使用方言	-3分	
		5. 非查询情况下对话出现长时间话务空白（超过3秒）		
技巧能力（30分）	聆听沟通（7分）	1. 注意力不集中，不能认真、仔细倾听客户所提出的问题，导致客户多次叙述问题，或导致答非所问	-7分	聆听时耐心、细致，不得出现答非所问等聆听错误表现，在聆听过程中适时进行回应
		2. 不能感知、判断客户的情绪变化；在客户表现出愤怒等负面情绪时，没有安抚客户；在客户不愉快时不能主动表示歉意	-5分	
	正确理解（8分）	1. 客户已明确表述，但由于自身原因，仍然无法理解的	-8分	能正确理解客户需求，并向客户核对重要信息内容，不主观臆断下结论，并关注客户的理解程度
		2. 对客户所表达的内容理解有误		
	提问技巧（5分）	1. 对于客户描述不清的问题，没有进行确认或有针对性的提问，提问问不到重点，需反复确认问题超过2次（不包含2次）	-5分	在适当时机利用合适问题引导客户，提出问题条理性强
		2. 对于客户提供的信息（如车牌号、手机号码等重要信息），有疑惑或歧义的没有进行二次确认		
		3. 询问方式不恰当或无效提问，引起客户不满情绪上升		
	解决问题（10分）	1. 引导有误，处理问题方法不恰当，缺乏说服力或分析问题不透彻，未能消除客户疑虑	-10分	有解决客户的咨询或投诉的能力，不推诿客户
		2. 不能正面回答客户的疑问；不能够快速、灵活地处理客户异议，未对客户进行有效引导	-6分	
		3. 未按照查询规则准确、完整地核实信息；未把正确信息反馈给客户		
		4. 无法解决客户问题时，未主动为客户寻找替代方案	-5分	
业务能力（35分）	业务知识解答准确（10分）	1. 业务知识解答错误	-10分	解答问题内容准确、完整、全面（如知识库无此项，可暂不扣分，各地应在3个工作日内在知识库中对此项进行添加，3个工作日后正常扣分）
		2. 未按照现有业务流程及公告（口径）解答业务知识		
		3. 业务知识解答不完整	-8分	

续上表

一级指标	二级指标	扣分细则	分值	指标解释
业务能力 (35分)	工单填写准确 (20分)	1. 应提交工单未提交,不该提交工单却提交了	-20分	工单内容按照要求填写完整、准确
		2. 投诉类型错误	-10分	
		3. 客户信息填写错误,如车牌号、卡号、手机号、客户所描述的内容等		
		4. 工单内信息描述不完整,所缺信息影响工单问题处理		
		5. 工单内信息描述不完整,但所缺信息不影响工单问题处理	-8分	
		6. 工单未按照规定格式填写(投诉次数、工单内容等)		
	小结点选 (5分)	1. 小结点选错误	-5分	小结按照规则点选及填写
		2. 小结多点		
		3. 小结少点	-3分	
		4. 小结内容填写不规范		

附件二 在线人工质检评分标准

一级指标	二级指标	扣分细则	分值	指标解释
服务能力（40分）	服务态度自然、诚恳，不敷衍（20分）	1.有态度生硬、傲慢，存在敷衍、推诿、厌烦等现象；当客户反映问题较多，或提及业务以外问题时，表现出反感、不耐烦情绪；不能保持良好的服务心态和稳定的个人情绪，情绪随着客户的情绪或外在的原因而波动、急躁；在客户因公司或客服人员的行为而不愉快时，不能主动表示歉意，任由客户发泄情绪，没有服务意识	-20分	服务态度积极、有耐心、礼貌热情，态度自然、诚恳，不敷衍、推诿客户；能尊重客户，体谅客户的感受，能够站在客户立场考虑问题
		2.推诿客户，能够处理的问题不直接受理，或是在客户质疑后才为其处理		
		3.服务不专心，出现客户已阐明问题或提供信息而再次询问的情况		
		4.不认可客户，当出现有疑问的情况时，未耐心询问并核实，而是质疑、质问、反问客户	-15分	
		5.在沟通过程中，不关注客户的理解程度，导致客户不满并插话		
	服务用语规范（10分）	1.整个沟通过程未使用礼貌用语（除去首尾语，整个对话未使用"请问""请"……）	-10分	服务过程中能够按照规范的应答要求进行解释和说明，严格使用规范服务用语
		2.出现1次未使用礼貌用语（例如：对话中出现一次明显问句时，未使用"请问""请您"……）	-3分	
		3.超过1次未使用礼貌用语（例如：需要问客户问题时，未使用"请问""请您"……）	-6分	
		4.对话中出现不规范的语句（频繁使用口语，用语生活化、随意）		
		5.首尾语不完整、错误、不规范	-4分	
	响应时长（5分）	1.未回复客户	-5分	首次回应及回复客户及时
		2.首次响应客户超过20秒		
		3.帮客户查询信息、打字回复、回应客户超过3分钟	-4分	
	错别字（5分）	1.错别字、漏字、多字，造成客户不满或影响客户的理解	-5分	回复客户语句准确无误，不会因为错字、别字、漏字、多字使客户理解困难或产生误解
		2.错别字、漏字、多字，未引起客户不满	-3分	

续上表

一级指标	二级指标	扣分细则	分值	指标解释
技巧能力（25分）	对话沟通（5分）	1. 注意力不集中，不能认真、仔细查看客户所提出的问题，导致客户多次叙述问题，或导致答非所问	-5分	聆听过程耐心、细致，不得出现答非所问等错误表现，并在对话过程中适时进行回应
		2. 不能够感知、判断客户的情绪变化；在客户表示出愤怒等负面情绪时，没有安抚客户情绪；在客户因公司或客服人员的行为而不愉快时，不能主动表示歉意		
	正确理解（5分）	1. 客户已明确表述，但由于自身原因，仍然无法理解的	-5分	能正确理解客户需求，并向客户核对重要信息内容，不主观臆断下结论，并关注客户的理解程度
		2. 对客户所表达的内容理解有误		
	提问技巧（5分）	1. 对于客户描述不清的问题，没有进行确认或有针对性的提问，提问问不到重点，需反复确认问题超过2次(不包含2次)	-5分	在适当时机利用合适问题引导客户，提出问题条理性强
		2. 对于客户提供的信息(如车牌号、手机号码等重要信息)，有疑惑或歧义的没有进行二次确认		
		3. 询问方式不恰当或无效提问，引起客户不满情绪上升		
	解决问题（10分）	1. 引导有误，处理问题方法不恰当，缺乏说服力或分析问题不透彻，未能消除客户疑虑	-10分	有解决客户的咨询或投诉的能力，不推诿客户
		2. 不能正面回答客户的疑问；不能够快速、灵活地处理客户异议，未对客户进行有效引导		
		3. 未按照查询规则准确、完整地核实信息；未把正确信息反馈给客户	-6分	
		4. 无法解决客户问题时，未主动为客户寻找替代方案		
业务能力（35分）	业务知识解答准确（10分）	1. 业务知识解答错误	-10分	解答问题内容准确、完整、全面(如知识库无此项，可暂不扣分，各地应在3个工作日内在知识库中对此项进行添加，3个工作日后正常扣分)
		2. 未按照现有业务流程及公告(口径)解答业务知识		
		3. 业务知识解答不完整	-8分	
	工单填写准确（20分）	1. 应提交工单未提交，不该提交工单却提交了	-20分	工单内容按照要求填写完整、准确
		2. 投诉类型错误		
		3. 客户信息填写错误，如车牌号、卡号、手机号、客户所描述的内容等	-10分	

续上表

一级指标	二级指标	扣分细则	分值	指标解释
业务能力（35分）	工单填写准确（20分）	4.工单内信息描述不完整，所缺信息影响工单问题处理	-10分	工单内容按照要求填写完整、准确
		5.工单内信息描述不完整，但所缺信息不影响工单问题处理	-8分	
		6.工单未按照规定格式填写（投诉次数、工单内容等）		
	小结点选（5分）	1.小结点选错误	-5分	小结按照规则点选及填写
		2.小结多点		
		3.小结少点	-3分	
		4.小结内容填写不规范		

附件三　客户联络中心基本情况

序号	省（自治区、直辖市）	热线号码	服务时间范围	业务范畴
1	全国ETC服务监督热线	95022	7×24	咨询、查询、投诉
2	北京	010-87508050	7×24	咨询、查询、投诉
3	天津	4007554007	7×24	咨询、查询、投诉、办理
4	河北	0311-96122	7×24	咨询、查询、投诉
5	山西	0351-7337793	7×24	咨询、查询、投诉
6	内蒙古	0471-12122	7×24	咨询、查询、投诉
7	辽宁	024-96199	7×24	咨询、投诉
8	吉林	0431-12122	7×24	咨询、投诉
8	吉林	0431-96122	7×24	咨询、查询、投诉、办理
9	黑龙江	0451-96369	7×24	咨询、查询、投诉、办理
10	上海	12345	7×24	咨询、查询、投诉、办理
10	上海	12319	7×24	咨询、查询、投诉、办理
10	上海	4000012319	7×24	咨询、查询、投诉、办理
11	江苏	025-96777	7×24	咨询、投诉、救援
12	浙江	12345	7×24	咨询、查询、投诉、办理
12	浙江	0571-96866	7×24	咨询、查询、投诉、办理
13	安徽	0551-96369	7×24	咨询、查询、投诉、办理
14	福建	0591-12122	7×24	咨询、查询、投诉、办理
15	江西	0791-12328	7×24	咨询、查询、投诉
16	山东	0531-96669	7×24	咨询、查询、投诉
16	山东	95011	7×24	咨询、查询、投诉、办理
17	河南	0371-9618968	7×24	咨询、查询、投诉、办理
18	湖北	027-96576（语音自助）	7×24	查询
18	湖北	12122	7×24	咨询、路况、投诉、救援
19	湖南	0731-12328 0731-96528	7×24	咨询、查询、投诉、办理

续上表

序号	省（自治区、直辖市）	热线号码	服务时间范围	业务范畴
20	广西	0771-5896333	7×24	咨询、查询、投诉、办理
		12328	8:00—12:00 15:00—18:00	咨询、查询、投诉、办理
		12345	市12345：7×24 区12345：7×10	咨询、查询、投诉、办理、救援
21	广东	4001196533 020-96533	7×24	咨询、查询、投诉、办理
22	重庆	023-12122	7×24	咨询、查询、投诉、办理
23	四川	028-12122	7×24	咨询、查询、投诉、办理
24	贵州	4008008787	7×24	咨询、查询、投诉、办理
25	云南	0871-12328	7×24	咨询、查询、投诉
26	西藏	4008166637	8:30—17:30	咨询、查询、投诉
27	陕西	029-96166	7×24	咨询、查询、投诉、办理
28	甘肃	0931-12328 0931-8529861	7×24	咨询、查询、投诉、办理
29	青海	0971-62310000 0971-62320000	7×24	咨询、查询、投诉
30	宁夏	0951-12328	7×24	咨询、查询、投诉、办理
31	新疆	0991-96200	7×24	咨询、查询、投诉、办理